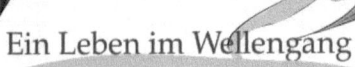

Ein Leben im Wellengang

Ein Leben im Kampf mit Drachen

Herstellung und Verlag:
BoD - Books on Demand, Norderstedt
ISBN 978-3-7357-7050-9

© 2014
2. Auflage
Texte: Iris Holke
Gestaltung und Grafik: Arno E. Müller

träumend

herzend

spielend

brausend

stillstehend

weinend

lachend

stolpernd

pochend

springend

schlagend

*mein herz*

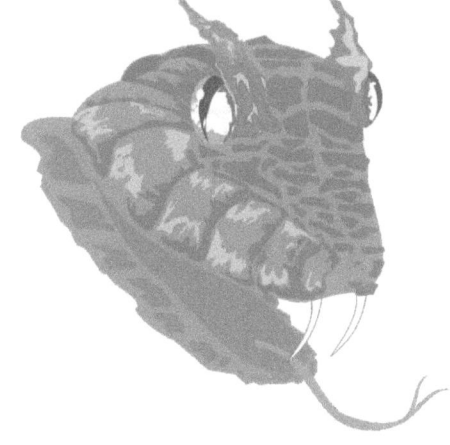

# *Homo sapiens ? ---*

Und Menschen gibt es,
die haben kein Blut,
sondern Giftgemisch
in ihren Adern.

Der Hauptsitz ist das
Hirn und nicht das Herz.
Ihr Werkzeug ist die
gespalt`ne Zunge.

Ihr Mund zuckt Lächeln,
die Augen sind kalt.
Doch ihre Reden
umschmeicheln mich fest.

Ich erkenne sie schlecht,
immer mal wieder,
Homo Sapiens,-
wann wirst du es sein?

## Dieser miese, schöne Alltag

Alle Tage hab ich Alltag
Seit dem Jahre Null
Der Dienst-Verlängerung.


Alle Tage kann ich
Schalten, walten
Voll von Frohsinn,
Wohlvergnügen, aller Sinne.


Ach wie gut,
Dass niemand weiß,
Dass ich auf die Schule pfeif...

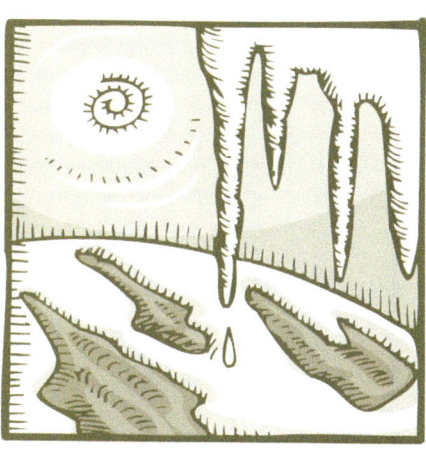

### Die Kälte fällt
### in 1000 Splitter

Schneid' deinen Schmerz
In tausend Teile.
   Das Messer steckt
   Im flücht'gen Wind.

Wirf jeden Tag
Den kleinsten Splitter
   An jenen Ort
   Den du nur kennst.

Schäl' ab den Mond
Bis seine Kälte fällt

Und von dir flieht...

## *Dezemberstern*

Vom Süden her
Ein helles Licht
Ist unterwegs,
Vergisst uns nicht...

Zum Christfesttag
Erreicht es dann
So manches Herz,
Auch nebenan:


Für`s neue Jahr
Zieh` Frieden ein,
Nimm fort, was war,
Du heller Schein!

## *Stille Nacht*

Tausend Lichter angezündet,
Im Glanz steht jeder Baum.

In unsere Herzen Freude mündet,
Dankbarkeit in jeden Raum.

Wer heut' an Engel glauben kann,
Wird sanfter leben, schneller erden.

Erheben sich aus dunklem Bann.
Tausend Augen leuchten hell.

Sie sind der Liebe tiefster Quell.

# *Elfchen*
(Übungen)

Wintertag
hat tonnenweise
Schnee verweht in
alle Wege, Straßen, Häuserecken.
Wer will sich da verstecken
in seinem lang verweilten, überheizten Haus?
Hinaus!

Wintervögel,
schwarze Krähen
kreisen lautlos stumm,
über  Schnee bezupfte Baumeswipfel,
sitzen  scharenweise auf weißen Feldern
rum.

# Verlorene Farben,
# vergangene Jahreszeiten

Die Farben der  Liebe
schluckte der Fluss der Zeit,
gespeist aus dem Regen
tausender Traurigkeiten.

Grau tänzelt der Winter
im fahlen Sonnenlicht.
hockt im nackten Geäst
der  wartenden Bäume.

Melodien am Morgen
sendet die Amsel uns ,
uneigennützig und froh,
unter dem Strauch.

## *ANDERS SEIN*

Anders sein
Als all die
Anderen...

Besser als
Ein Messer
Das zerteilt...

Froh zu bleiben
In den wilden
Wettern sowieso...

Anders wandern
Auf den schmalen
Ungeraden Pfaden...

Und das Glück
Läuft nicht mehr
Hinterher...

# Die Liebe
### Mein Credo

Nie ist die Liebe ein Zufall.
Sie nistet in Frühlingshecken.
Im Amsellied sich verstecken
Will sie. Früh hörst du ihren Schall.

Immer bleibt sie ein Geheimnis.
Da, wo am tiefsten die Sehnsucht
Zwei Seelen berührt, voller Wucht,
Führt sie heraus aus Finsternis.

Wie eine Rose duftet sie.
Ist immer ein großes Gedicht.
Der Dunkelheit schenkt sie das Licht.
Ein Zufall ist die Liebe nie.

# WÜNSCHE für 2014

Ich wünsche dir Freiheit, unumwunden.
Nicht allein in den Gedanken.
Denn meistens sind wir gebunden
In gesellschaftliche Schranken.


Ich wünsche dir Weisheit, stets zu trennen,
Was Tun und Ton unterscheidet.
Dinge beim Namen zu nennen.
Dabei in Güte gekleidet.


Ich wünsche dir Liebe, unendlich viel.
Man erhält, was man selber gibt
Im Miteinander, dem höchsten Ziel.
Weisheit und Freiheit, dem der liebt…

# Für Manfred
*(der seine Zeit selbst bestimmte)*

*Ein Seelenvogel*
*Flog uns voraus*
*Schon viele Male.*
*Er kannte sich aus.*


*In jedem Flügelschlag*
*Ein kleiner Tod.*
*Von Tag zu Tag*
*Hatte er es geprobt...*


*Die letzte Grenze*
*Er dann überwand.*
*Lässt uns zurück*
*Im fragenden Land...*


*Über dem Horizont*
*Schwebt leis`ein Ton.*
*Im Abendlicht*
*Neigt sich der Mohn.*

## *„ Ein Jegliches"* hat seine Zeit
Prediger Salomo 3,1

Sehnsucht haben
nach den Wäldern,
die man nie
erwandert hat.

        Sehnsucht haben
        nach den Worten,
        die du nie
         mir sagen wirst.

Dankbar bleiben
den Minuten
die geschenkt und,
aufbewahrt

        Dankbar bleiben
        der  Begegnung,
        die zurück zu
        mir mich führt.

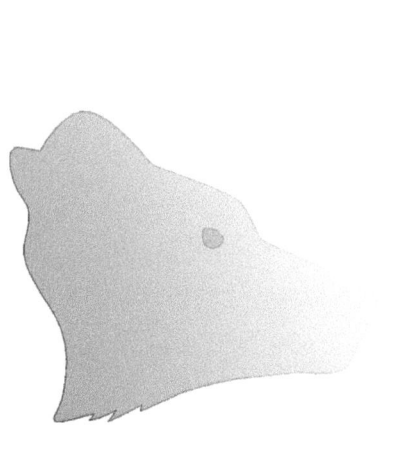

# Einst und Heute

Meine Sehnsucht war wie ein wildes Tier,
Ständig zerrte sie mich von Ort zu Ort.
Das Gleichgewicht, die Ruhe liefen fort
Und wühlten in mir wie die kranke Gier...

Irgendwann stieg ich aus dem Wahn heraus,
Schnäuzte mein Leid in das Taschentuch aus.
Dieses warf ich in die nächste Pfütze,
Rückte zurecht meine schräge Mütze...

Alles, was ich hatte übertrieben,
Ist nie zu lange bei mir geblieben.
Leichter lebt es sich mit dem, was man hat.
Heut` machen mich kleine Portionen satt...

## *Eine verblühte Rose*

Eine verblühte Rose

In ihrer Farbe umschließt

Das gesammelte Licht

Eines langen Sommers.


Ein vergangenes Leben

In gesammelten Gesten

Bewahrt mir den Hauch

Entblätterter Rosen.

## *Eine Rose verschenken*

Eine Rose hatte ich verschenkt,

einem, der seinen Garten liebt,

täglich freundlich immer näher

mir entgegenkam kam.

Meine Rose überblüht

die alten Pflastersteine.

Aus unverwehter Zeit

Blütenblätter duften...

# Frost zum Frühlingsanfang

„Frost ist übers Land gezogen",
Schnee und Eis auf weiten Flächen.
An scharfen Kanten schneiden
Sich die kalten  Schatten.


Vor diesem Frühlingsanfang.
Kämpft die Sonne mit des Winters
Harter Hand um ein Sonnen lächeln.
Neubeginn  bringt helle Sicherheit...

### Frage

Was soll ich davon halten,
dass du mich fliehst
und dennoch freundlich grüßt.

Wie soll ich das vergessen,
was mich berührt
und zum Lächeln verführt.

Auch morgen führt mein Weg
am hohen Haus vorbei,
dort ist alles einerlei.

## *Frühling*

So blau der Himmel
so klar die Luft.
Forsythien stehen
im gelben Duft.


Die Zeitung meldet:
Ein erster Storch
sitzt schon im Nest.
Doch siehe, horch:


Die Amseln rufen
nun auch am Tag.
Frühling wird es
auf einen Schlag.

## Wittstock (Dosse)

In einer schmalen Gasse,
die abgekreuzt der Königsstraße,
wo blank ist jeder Pflasterstein,
steht heut ein Birnbaum, ganz allein.


Verfallen, verschwunden ist das Haus,
wo ich als Kind ging ein und aus.
Seh` ich nun ein Birnblütenmeer.
Ein Windstoß fegt Erinn'rung her.


Schnell fort von dort treibt mich mein Schritt
und nimmt auch die Erinn'rung mit.
Uralte Furcht weht vor mir her,
als das Alleingehn fiel noch schwer.

>

Doch rasch entflieht durchs nahe Tor,
das dreigeteilt, Wiesen davor,
die Angst zum Fluss und lässt mich los...
Bald werden neue Bilder groß.

Die Mauern meiner alten Stadt
sind restauriert, ganz akkurat.
Es grüßt der Amtsturm uns von fern,
erkletterten ihn oft und gern.

Kleiner Graben, Baderstraße,
durchlaufe ich in altem Maße
und atme ein die alte Luft
mit jenem frischen Blütenduft.

Im Alten wächst das Neue sehr.
Wer käme da nicht gerne her?
Ich grüße meine Heimatstadt,
die mir die schönsten Bilder hat

*Nachtrag 2010*
*Auch den Birnbaum gibt es seit einigen Jahren nicht mehr*

## *Grenzen einer Freundschaft*

Anziehen, Abstoßen,
nur nicht zu dicht.
Was nicht sein darf,
das gibt es auch nicht.

Freude und Schmerz
sind Schwester und Bruder.
Liebe verkommt zuzeiten
zum launischen Luder.

### *Für einen Mister Realist*

Lieber das Karnickel in der Weste,
Als den Hasen am Hang.

Lieber die Taube auf dem Dach,
Als den Spatzen in der Hand.

Lieber die zu gewickelte Seele,
Als den schweren Schmerz im Leib.

Hase, Spatz und wunde Seele
Drehen sich im Kreis herum.

## Grenzen

Du bist dabei,
meine Liebe
aus zu trocknen.
Das Meer ist nicht
mehr  randvoll

Ich bin soweit
mein Herz zu
disziplinieren
der Wind weht
nun mehr
von Nordost

Wir haben uns
voneinander
etwas entfernt
Sand rinnt durch
meine Finger...

# *HAIKU*

Erster Tag im März,

Wolken wechseln mit Sonne.

Froh singt die Amsel.

Februar

## FEBRUAR

Den Februar lieb' ich nicht,
Sucht nach Farben und Licht.
Gewährt noch ein Warten
Dem schlafenden grauen Garten

Felder mit frostigem Weiß
Flüsse voll treidelndem Eis.
Tag täglich die Sonne steigt
Flüsternd zum Frühling sich neigt

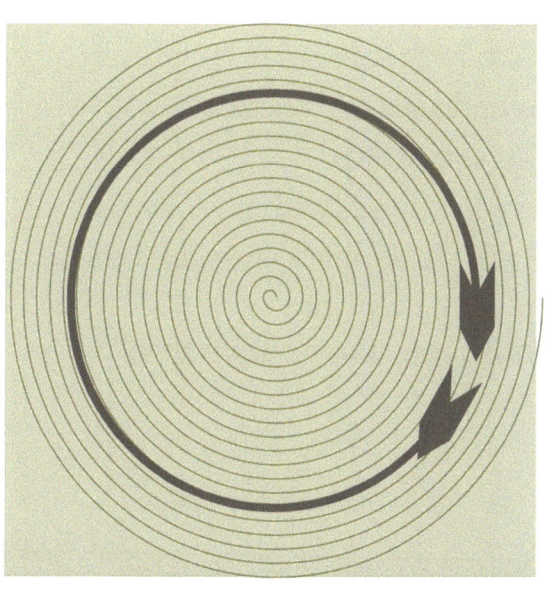

# Ein Rondo

In zwanzig Minuten ein Rondo schreiben!
Wo soll da meine Gelassenheit bleiben?
Ich suche verzweifelt gute Gedanken,
im Kopf entsteht ein sich steigerndes Schwanken.

In zwanzig Minuten ein Rondo schreiben!
Wie kann mir Kreativität verbleiben,
wenn sich Gedanken und knappe Zeit reiben?
In mir sind plötzlich so haushohe Schranken.

**In zwanzig Minuten ein Rondo schreiben!**

Auf einmal kann ich mich selbst nicht mehr leiden.
Ich lasse mich los und lasse mich treiben,
Bilder, Ideen, Erlebnisse ranken
sich um mein Denken wie schwankende Planken.
Denn irgendwie will ich „Ichselbst" noch bleiben.

**In zwanzig Minuten ein Rondo schreiben!**

# *Im Alter*

Es gibt kein Alter, das uns schont
vor dem Lidschlag einer Wahrheit
Liebe schon im Lächeln wohnt
als Schattenriss der Klarheit:

Im langen Blick Versunkenheit
bannt meinen Sinn und irritiert
mich sehr. Ich spür' Verletzlichkeit
und meine Ruhe sich verliert.

Was nur hält mein Herz auf Dauer,
frag ich, bis die Erkenntnis reift:
nimm dankbar diesen Schauer,
weil etwas Neues nach dir greift.

Es gibt kein Alter, das uns schont
vor dem Werden und Vergehen:
Alles in uns selber wohnt,
um im Ernstfall zu bestehen.

## *In einem Haus*

Trauer und Freude

Wohnen in einem Haus.

Nur wer die Türen

Nicht verschließt

Kommt gut mit ihnen aus.


Im gleichen Haus leben

Lachen und Weinen.

Ihre Tränen sind ähnlich

Ehe sie versteinen.

## *In Groß-Kreutz*

Sonntag früh, nicht allzu sehr
entfernt dem Vormittage  mehr,
geht mein Schritt vom letzten Haus
im Dorf zum nahen Wald hinaus.


Übers unbestellte Feld,
im Kopf die Jahre, ungezählt,
nah` im Blick Vergangenheit
ist dieser Weg für mich heut` weit.


Eingeatmet ist der Tag
in diese Landschaft, die ich mag.
Ausgebreitet wie ein Tuch
in Spinnwebkreisen, die ich such`.

Spür ich frühen Herbst herwehn
und will auf alten Spuren gehn:
Verwachsen, verschwunden, fort
sind sie von diesem Kindheitsort.

Wo einst ich traumgefangen
Gespinsten nachgegangen:
So geht's mit manchen Dingen,
die keine Vollendung bringen.

Wende den verirrten Blick
und kehr` zur Gegenwart zurück.
Behalt die alten Bilder,
nur im Nebel sind sie milder.

Sonntag früh, nicht allzu sehr
entfernt dem Vormittage mehr,
führt mein Schritt zum Haus zurück,
zum Freund, welch altbewährtes Glück.

## *Heimat - Orte*

In sehr schmalen Straßen
Sind die Pflastersteine
Breit getreten und blitzblank.

In den kleinen Häusern
Meiner alten Heimatstadt
Wohnen Worte, ungehört.

Alte Türme blitzen
Wieder hell im Sonnenlicht
Bewahren die Geschichten.

Neben Ziegel Mauern
Auf den weiten Wiesen
Grenzt das Gras die Kindheit ein.

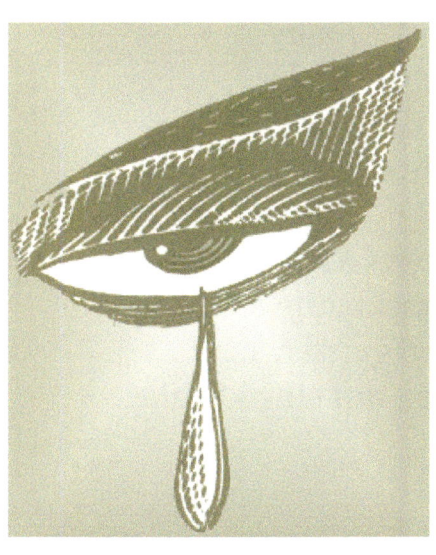

## IRRTUM *in Gedanken und Gefühlen*

Wie  konnt' ich nur
ins graue Grübeln sinken,
den Himmel und den
Horizont verlieren?

Am Abgrund sah
ich schadenfrohes Winken,
des letzten Liedes
süßen Ton gefrieren.

Es riss hinweg
von meinem trüben Grübeln
und aus den alten Übeln
meiner engen Grenzen
mich ein kleiner Schreck,

weil den kleinen Vogel ich vergaß,
der in Nachbars Kirschbaum saß.
Er jubelt, tiriliert den ganzen Tag,
verjagt den Kummer, auf einen Schlag.

### *Januartag am Morgen*

Noch zeigt sich im Osten
Strahlend ein Stern, welcher,
Gleich mir schon geblendet,
Der Morgensonne weicht,

Sinkt ins Unsichtbare.
Wandert in die Nacht hinab.
Er wird wieder  kommen:
Weil niemals alles sichtbar ist.

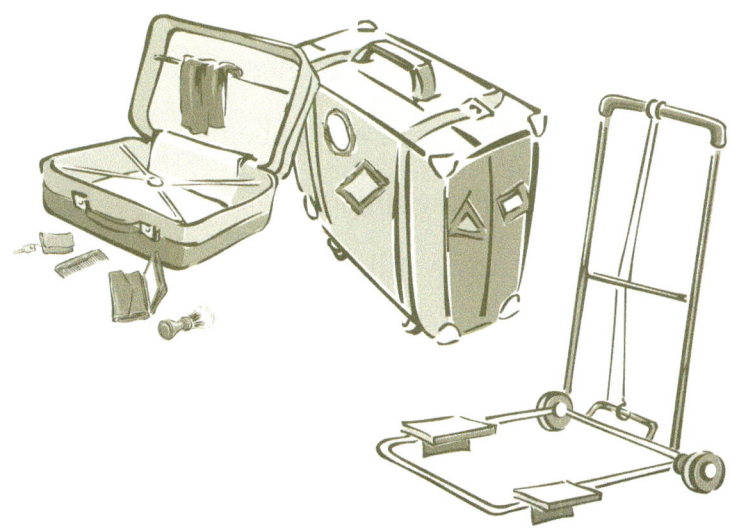

## Kleine persönliche
## Erinnerungen an Reisen

Wofür und für wen  können sie sein,

Ganz persönliche Erinnerungen?


Von ferner Welten Düften durchdrungen,

Aus Koffern, aus Taschen gezogen,

Weltweit darin mitgeflogen.

Manchmal winzig und klein,

In hellerem Licht umhüllt,

Mit tausenden Bildern gefüllt.

Können Muscheln, auch Steinchen sein.

Vielleicht ein Blatt vom Zweig, allein.

Alles kann Erinnerung füllen,

Zeitweise Sehnsüchte stillen…

# *BAHNHOF*

Bahnhof

Bahnhof und Wartender

Wartender

Bahnhof, Wartender und

Sitzbank

Sitzbank

Bahnhof, Wartender, Sitzbank

und Langeweile

Langeweile

Bahnhof, Sitzbank, Wartender,

Langeweile und

Unerwartete Begegnung

# BÄUME

Bäume

Bäume und Blätter

Blätter

Blätter und Wanderer

Bäume

Bäume und Wanderer

Bäume und Blätter und Wanderer und

Feste Sandaletten

## Leben und Pflicht

Willst du täglich deine Pflicht erfüllen,

kannst du niemals jede Sehnsucht stillen,

immer kommt ein andrer Abendschein.


Jedes Leben wandelt sich zuzeiten,

bange Jahre lange uns begleiten.

Hör `die Hoffnung in dem Amselschlag,

sie kennt im Dunkeln schon den neuen Tag!

## Liebe und Leid

Die Liebe und das Leid
wohnen in einer Straße.
Sie grüßen täglich sich
herüber und hinüber.
Aus den Fenstern reichen
sie sich blindlings ihre Hände.

Manchmal liebt der Eine,
und der Andere liebt nicht.
Manchmal weint der Eine,
und der Andre sieht das nicht.
Schmal ist diese Straße,
in der sie beide leben -
die Liebe und das Leid.

### *Immer Lieben*

Lieber lieben

als verstauben,

lieber Schmerzen haben

als ertauben.

Niemals Feuer löschen,

die die Erde düngen,

lieber Lieder singen,

die auch traurig klingen.

# *Macht der Worte*

Im Übermut
Ein Wort von mir
Gedankenlos
Dahingesagt

Rollt auf zum Stein,
Kommt tonnenschwer
Zurück zu mir
Und wirft mich um:

Ich weiß sofort
Ein altes Wort:
Man reißt nicht ein
Das eig'ne Heim ...

## *MAI*

Das aufgesteckte große Rot

Blühender Kastanienbäume

Beschenkt uns jedes Jahr der Mai.

Welch' ein Farbenfrohsinn ist dabei!

## NOTIZ am Rande

Das Leben ist skurril,

Oftmals viel zu viel.

Spannend bleibt es immer

Im hohen Sommerschimmer.

Das Leben ist kein Spiel,

Die Liebe bleibt sein Ziel.

Wir suchen da und dort

Zu schnell fliegt manches fort.

## *Nüchterner Himmel*

Nie wieder will ich Liebe
Auf tote Felder  streuen
Wo man vor Jahr und Tag schon
Restlos  abgeerntet hat

Es soll mir keine Euphorie
Den Himmel höher heben
Ehe mir mein klarer Blick
Den feinen Durchblick schafft.

Nie wieder soll die Liebe
Mich in die Irre leiten
Im eignen Himmel suchen
Und sehnsuchtsfürchtig schweigen

Nur das kann ich empfangen
Was in mir selber wohnt
In diesem frühen Winter
Hat ein Schneekorn mich gekühlt.

## OSTSEE  *mal anders*

Die Möwen riefen: „ schrief, schrief, schrief,“
Der Wind hängt in den Föhren schief.
Ein Sturm fegt Kummerkörner aus dem Kopf
Und bläst sie in den Muscheltopf.
Dann streut er sie ins weite Meer.
Ein Heringshai schwimmt nebenher…
Hinter Dünen schwebt ein feiner Duft
Wilder Rosenblüten in der Luft.
Gewaltig ist das große Meer,
Die Schiffe kommen von weit her.
Wellen überschlagen sich,
In weißer Gischt, schon ewiglich.

## Qual - Normal

Es geht mir gut, es geht mir gut,

was soll ich denn schon sagen,

ich hab' es satt und keinen Mut

zum ewig gleichen Klagen.


So wie es keine Sonne gibt,

die ohne Wärme scheint

und auch den Frost nicht ohne Eis,

so kenne ich die Liebe nicht,

die ohne Schmerzen weint.


Und  muss ich wieder da hindurch,

als wär's ein neues Land

Ich kenne mich,

ich kenn'mich nicht…

dies ist mir altbekannt…

# *RITORNELL*

Ein kleines Frühlingsblumengesteck,
verschenkt an eine Nachbarin,
der eignen Freude dient es zum Zweck.


Es stapeln sich in meiner Wohnung
fast hundert Bücherkisten .
Das Packen schenkt mir keine Schonung.


In meinem Zimmer steht ein Baum,
nur einen halben Meter hoch
doch jedes Blatt trägt einen Traum.

# Schwere Gedanken

Aus Halten unglaublicher Dinge

Fest Halten verborgener Ringe

An Halten misstrauische Worte

Be Halten vertrauliche Orte:


Immer und immer wieder beginnen

Um das rechte Vertrauen zu ringen

Nie und nimmer den Glauben verlieren

Keinen Irrtum zu schnell dementieren


Lieber sich selber zur Seite stellen

Bleibt man geduldig muss sich erhellen

Der dunkle Grund aus Irrtum und Täuschung:

Die Liebe bedarf keiner Änderung

## Liebe ist Hoffnung

Sie darf mir nie verloren gehen,

Die Liebe, die mich hält und trägt.

In Zuversicht auf Morgen sehen,

Wenn sich ein Zweifel in mir regt.


Es darf auch nie abhanden kommen,

Der Hoffnung einziges Gesicht.

Der Ruf, den einmal ich bekommen,

Bleibt meiner Zukunft klarstes Licht.

# *SONETT* zur Liebe

Den Duft der Rose kann ich nicht beschreiben,
Wie ich die Liebe nicht erklären kann.
Sie trifft mich unverhofft, und staunend dann
Muss ich betroffen stille stehen bleiben.

Lass mich durch farbenfrohe Träume treiben.
Ein sanftes Lächeln zieht mich in den Bann
Und klingt als Lied in meinen Ohren an.
 Der Augenblick soll mir erhalten bleiben.

Bald  kenn' ich die Erfahrung meiner Welt:
Was jung sich bindet, alt zusammen hält.
Wenn die Gemeinsamkeiten überwiegen,

Und fest gefügte Lebensweisen siegen.
Nicht Jeder kann die große Liebe leben,
Wenn ihm ein kleiner Atem ist gegeben.

## Über Freundschaft

Ein Hohelied der Freundschaft möcht`ich singen:
Im Herzen hinterlässt sie jenen Schimmer,
Dem aus geschenkter Auserwählung immer
Das kleinste Herz erfüllt mit großem Klingen.

Wir rennen täglich unentwegt nach Dingen,
Die wir vermissen. Füllen unsre Zimmer
Mit vielem Tages Tand und hohlem Glimmer
Und wissen längst: um Freundschaft muss man ringen.

Was wir zum Leben brauchen, ist nicht viel.
Wir essen, trinken, schlafen, jeden Tag,
Vergnügen uns mit Dingen leichter Art

Und wissen doch um manches falsche Spiel,
Weil uns nicht kümmert, was ein Andrer mag:
Nur der ist dir ein Freund, der dich nie narrt.

# SONETT

Es war ein Frühling mit sehr milden Lüften,
Da sah ich dich in einem andren Licht.
Ein Staunen wuchs in mir. Es war so schlicht,
Dein Lächeln, mitten in den frischen Düften.

Ich wand und drehte mich in meinen Hüften
Und fiel aus meinem alten Gleichgewicht
Hinein in eine Art von Himmelslicht.
Sehr weit entfernt von allen Wintergrüften.

Ganz neu ist dies Gefühl mir heute wieder,
Zu lange war ein solches Frühjahr fort.
Du sprichst mit mir in einem sanften Ton.

Ich schreib und singe gänzlich neue Lieder
Und such dein Bild an jedem kleinsten Ort,
Zuwendung gibst du mir als schönsten Lohn.

# STERNE

Sterne stürzen
steil
ins Bodenlose,
wenn
ihr Glanz
am frühen Tag

         verblasst.


Kleine Geister
meiden meist
den großen
Atem.
Üben lebenslang
den kleinen

         Schritt.

### *„Und jedem Anfang ..."*
### *(Hesse)*

So gehst du nun
Und doch nicht fort;
Es bleibt ein Teil
Von dir bei mir...

Kein Wort umfasst
Den tiefen Grund,
Den du gelegt
Für mein Versteh'n...

Und immer bleibt
Vom Anfang hier
Ein Zauber mir
Der uns beschützt...

## URLAUB und ZEIT

Sturzflug einer Möwe

das Murmeln der Quelle,

des Sturmes treibende Kraft,

der Sonne lächelnde

Heiterkeit, nur einen

winzigen Schritt uns

voraus.

_____ Unendlichkeit.

# Vom Fliegen der Gedanken

„Zahme Vögel träumen von der Freiheit",
Pfeifen, tirilier`n, mal hier, mal dort.
Wilde Vögel flattern immer flinker,
Steigen auf im Flug zum neuen Ort.


Vielfalt der Gedanken öffnet
Meine  Fantasie, bindet Freiheit
Immer an ein neues Ziel.
Liebe ist für mich kein Spiel.

# *Wenn das Leben dich schadenfroh würgt*

„Wenn das Leben dich schadenfroh würgt…"

Würge zurück und lache es aus.

Die grüne Amsel und der blaue Star,

die gelbe Krähe und die kleine Laus

heben dich raus und lachen sich krumm.

Das Leben ist dumm, so manchen Tag.

Dreh alles um, auf einen Schlag…

(für Catharina)

# Vernunft und Verzicht

Vernunft und Verzicht
Wer kennt das nicht
Sind ein streitendes Paar
Manches Mal, Jahr um Jahr.

Kommt die Liebe hinzu
Flieht auch noch die Ruh

Verzicht und Vernunft
Zur Übereinkunft
Kommen beide schwer
Da bleibt kein Kummerkasten leer

# *Vergängliches  Glück*

Der  Zauber vom kleinen Glück
webt sich als feiner Schleier
in alle Nervenfasern ein.
Du schwebst, in dir ist lauter Feier.
Nicht Tag noch Abend kannst du seh'n,
die Zeit scheint lange still zu steh'n.

Doch wehe, reißt dich zurück
ein kühler Arm, ein nichtig Wort
aus ungesagten Traurigkeiten.
Schnell ist der Schleier fort,
schon fängt der raue Wind dich ein,
zieht in den Alltag dich hinein.

26. 12. 03

So heißt es täglich achtsam sein.
Es trübt im Spiegel sich sehr schnell
dein Bild, trittst du zu nah heran.
Erst in der Ferne wird das hell
und klar, was hinter dir begann.

7. 01. 04

## *WEIHNACHTEN*

Tausend Lichter leuchten


In den Lichtern leuchten

vom alt geword`nen Jahr

Tausend Dankbarkeiten

Hoffnungsgrüne Zweige

Tannen Duft und Kerzen

alles ist ein Wunder

Und daneben schweben

unsichtbare Träume

kinderleicht und froh...

# Vielleicht nur ein Traum

*Es könnten Zwei*
*zur selben Zeit*
*den gleichen Traum*
*im Lächeln sehen.*

*Es sollten Zwei*
*tagein, tagaus*
*für alle Zeit*
*die Liebe leben.*

*Sie werden dann*
*nur dann, gewiss,*
*unendlich hoch*
*den eigenen*
*Himmel heben.*

# Vergehen

Wenn ein Lied verstummt

Erdrückt die Stille mich

Wenn ein Bild verblasst

Verlieren Farben sich

Wenn ein Baum verwelkt

Blendet grelles Licht

Und die Liebe war

Wie Windes Wehen

## VER GEHEN GESCHEHEN

Die Liebe ging vorüber
In einem leichten Schritt
Wohnt manchmal gegenüber
Und kennt kein Defizit
Da ist ein banges Wehen
Im leisen Blätterfall
Ich kann nur weiter gehen
Verloren ist ein Schall
Es fällt ein kühler Regen
Schwemmt Schmutz und Plunder fort
Ich muss mich schnell bewegen
An einen sich'ren Ort
Die Liebe ging vorbei
Und lächelte mich an
Ihr war es einerlei
Sie sprach: "Das war es dann"

# Die Autorin

Iris Zimpel, geb. Holke
Am 1. 11. 1947 in Wittstock / Dosse geboren.

1966 Schulabschluss in Potsdam mit Hochschulreife. Studium
der Pädagogik an der „Ernst-Moritz-Arndt-Universität"in
Greifswald von 1966 bis 1970,
mit Erhalt des Diplom für Musik und Geschichte.

Von 1970 bis 2008 im Schuldienst als Lehrerin tätig.
Seit Sommer 2008 im Vorruhestand und ab 2012 Rentnerin. Seit
2007 in Potsdam lebend.
Mitglied in verschiedenen Schreibzirkeln in Potsdam und Berlin.

## Zum Inhalt

Seit der frühen Kindheit beschäftigt sich die Autorin mit den verschiedensten Formen der Lyrik.

In Büchern der Potsdamer „Zeitzeugen" und der „Lyrikgruppe" vom „Haus der Begegnung" am Moosfenn in Potsdam sind bereits einige Gedichte gedruckt erschienen.

Wir finden im vorliegenden Band manchmal in strenger Reimform, aber auch in freier Rhythmik, Gedichte des Alltages, der wundersamen Begegnungen aller menschlichen Art. Liebe und Freundschaft, tiefstes Leid oder höchste Freude schwingen in den Versen mit.

Viel Nachdenklichkeit, manchmal mit ein wenig Satire gewürzt.
Alle Facetten eines intensiv gelebten Lebens sind in Poesie verarbeitet. Auch Festtage, Feiertage im Jahreslauf und Freude an der Natur sind in den vorliegenden Texten enthalten.

Sogar im Sonett, der höchsten Form eines Gedichtes, sind besondere Erlebnisse und Gedanken verarbeitet.

Wer die Gedankenlyrik liebt, läßt sich ein auf die spannende Lektüre durch diesen ersten Gedichtband der Autorin.